SEVEN VOICES OF
JOY

SEVEN VOICES OF
JOY

Advent Prayer Series

Lorcán Kenny

VERITAS

Published 2022 by
Veritas Publications
7–8 Lower Abbey Street
Dublin 1
Ireland
www.veritas.ie
publications@veritas.ie

ISBN 978 1 80097 042 7

10 9 8 7 6 5 4 3 2 1

A catalogue record for this book is available from the British Library.

Designed by Clare Meredith, Veritas Publications
Eagarthóireacht Ghaeilge: Breandán Ó Raghallaigh KSS KGCHS
Translations by An tAth Brian Ó Fearraigh
Photography by Bríd Dunne
Creative input by Bríd Dunne
Printed in the Republic of Ireland by Walsh Colour Print, Kerry

Veritas Publications is a member of Publishing Ireland.

Veritas books are printed on paper made from the wood pulp of managed forests.
For every tree felled, at least one tree is planted, thereby renewing natural resources.

Contents

To Mary and Joan Ward, who brought my dad,
Andy, joy when his heart felt sorrow.

This book will help to support two young girls in Uganda named Christine and Elizabeth. Two very vulnerable young people, they have been supported by my Gérshâs in Coláiste Phobal Ros Cré and other kind donors. The indomitable Srs Eileen and Mona Maher and the lionesses of Coloma Primary School care for them. Christine has begun a tailoring course and Elizabeth is progressing through secondary school. May all your hearts feel joy.

All author royalties will go towards Christine and Elizabeth's future care and education.

Preface

As a child, I had a mild speech impediment. My parents wisely ensured I had speech therapy and elocution. Since then, I have been fascinated by the use of language and how words are formed. As a chaplain, colleagues in the Irish department and their use of the Irish language fascinated me. It is amazing how the translation into Irish brings fresh nuances and insights to the reflections in this book.

As you read these words out loud, may the Spirit of God bring life to how you see these characters. May they remind you of loved ones in your own life. May this process bring you heart, hope and healing.

Thank you to Bríd for generously giving your time, skill and insight with your photographs – and for doing much more than this. You connected with each of the characters in a spiritual way and brought them to life. You inspire me as a photographer, a chaplain and as a person.

Thank you to Brian for finding the words in Irish that I can only dream of, in a prayerful, compassionate way.

May both your hearts feel joy.

Introduction

Joy be with your heart!

Friend, my prayer for your heart is joy. For joy is a deeper well than happiness; it tempers sorrow and leads us back to hope. Sometimes, though, our heart gets so weary, our minds so distracted, our bodies so spent. Invite these seven voices into your heart. All of them have known joy, sorrow, courage, fear, loss and hope. Each of these seven voices have been inspired by people I love and care about. Some of the characters in this Advent prayer series appeared in my Eastertide prayer series, *Voices of Hope*, and some will appear again in *Voices of Sorrow*. Each voice teaches us what joy truly means. Joy isn't the absence of sorrow; it's the recognition of it and wading through its mire all the same.

Since writing this book my mam, Margaret, and Mary Ward have both gone to God's table of joy in heaven. They are two of the most inspirational women I have ever known in life. They taught me what Advent means, what Christmas means and what joy means. I remember them both with deep gratitude and affection.

May your own loved ones who are with God now help you move gently through this season.

In order to engage with this book fully, I invite you to quieten your heart and spirit. For each voice, gaze at the images and notice how they speak to your heart. Read the reflections aloud in Irish, in English or both, and see what your soul says back to you.

May these seven voices of joy bring compassion, reassurance and fortitude to your heart today. God be with your heart.

— 1 —
Gabriel
The Angel of Good News

for Áine

I came from light,
I shall return to light.
For I am One
and echelon.
I am thought
and kindness
and inspiration.
I bring good cheer
and speak in dreams
for I serve the One
the Truth
the Light.
I blaze in glory across Bethlehem's sky.
I quell shepherds' fear
and speak of the Child King,
the One, the Same,
being born, being One, being eternal,
Prince of Might,
Light from light.
I come from light,
I shall return to light.
For I am One
and echelon.

I encourage courage,
in boy-carpenter dreams
and quench the fear.
For all is not
what all appears
to a boy-man, seen fit to lead,
to foster, to protect, to feed.
I encourage his courage
and through the night,
lead mystic, king and sage,
to a lowly manger where
there's a sleeping baby-king.
I bless their gifts

by incandescent light.
I am puzzle,
I am mystery,
I am pure philosophy.

But I am the one that warns them,
beware of false kings' schemes,
and guide Magi home
by other routes, roads and streams.
I came from light,
I shall return to light.
For I am One
and echelon.
But One, just One,
arrested my flight
a girl, the girl.
She questioned me so plainly,
not to doubt, or defy,
nor negate or comply.
Simply question.
A being of light met
a being of free will.
I answered in truth, the truth.
She paused.
With her, time and balance stilled,
'Be it done unto me.'
Her yes became a revelry,
a pomegranate of a response,

opened, shared for humanity.
Her generosity of humbleness,
her courage,
her stillness,
her free will,
her yes!
In this eternal moment,
I, a being of thought,
a being of light
was taught by a human child.

For this I was created,
for this I am creative,
for this I will be creating
Good News!
I came from light,
I shall return to light.
For I am One
and echelon,
Gabriel, bearer of God's Good News.

Gaibriéil
Aingeal an Dea-Scéala
do Áine

Ón solas a tháinig mé,
fillfidh mé ar an solas.
Mar gur Aon mé
agus aicme.
Is smaoineamh mé
agus cineáltas
agus inspioráid.
Is mór an gártha áthais a thugaim
agus labhraím i mbrionglóidí
óir freastalaím ar an Aon
an Fhírinne
an Solas.
Soilsím go lonrach fríd spéartha na Beithile.
Ceansaím eagla na n-aoirí
agus labhraím faoin Leanbh ina Rí,
an t-Aon, an Céanna,
a bheith beirthe, a bheith i d'Aon, a bheith síoraí,
Prionsa na Cumhachta,
Solas ó sholas.

Ón solas a tháinig mé,
fillfidh mé ar an solas.
Mar gur Aon mé
agus aicme.
Músclaím misneach,
i mbrionglóidí an bhuachalla-siúinéir
agus múchaim an eagla.
Mar ní mar atá an uile nidh
mar a amharcann sé
do bhuachaill-fear, le tréith na ceannaireachta,
le cothú, le cosaint, le beathú.
Molaim a mhisneach
agus i ndorchadas na hoíche,
treoirim misteach, rí agus saoi,
a fhad le mainséar bocht
ina bhfuil rí-leanbh faoi shuan.
Beannaím a mbronntanais
le solas gléineach neamhshaolta.
Mise mearbhall,
Mise mistéir,
Mise fealsúnacht fhíor.

Ach is mé an té a thugann rabhadh dóibh,
a bheith ar an airdeall faoi scéimeanna Ríthe bréagacha,
agus a threoraíonn na Saoithe abhaile
bealaigh, bóithre agus sruthanna eile.
Ón solas a tháinig mé,
pillfidh mé ar an solas.

Mar gur Aon mé
agus aicme.
Ach, bhí duine amháin, duine amháin go díreach,
a chur bac ar mo ghluaiseacht
cailín, an cailín.
Do cheistigh sí mé chomh soiléir sin,
ní chun amhrais, nó le cur ina choinne,
nó tré faillí nó comhlíonadh
ag ceistiú go simplí.
Do casadh neach an tsolais agus
neach na tola saora ar a chéile.
D'fhreagair mé i bhfírinne, an Fhírinne.
Thost sí.
Leithe, shocair Am agus Cothromaíocht,
'Go ndéantar liom.'
Rinneadh ceiliúradh dá sea,
gránúll de fhreagra,
oscailte, comhroinnte don chine daonna.
A flaithiúlacht na humhlaíochta,
a misneach,
a suaimhneas,
a saorthoil,
a sea!
Ins an nóiméad síoraí seo,
Mise, neach smaointeoireachta,
neach de chuid an tsolais
do theagasc leanbh daonna mé.

Is fá choinne seo a cruthaíodh mé,
is fá choinne seo atá mé cruthaitheach,
is fá choinne seo a bhéas mé ag cruthú
Dea-Scéala!
Ón solas a tháinig mé,
pillfidh mé ar an solas.
Mar gur Aon mé
agus aicme,
Gaibriéil, iompróir Dea-Scéala Dé.

— 2 —
The Shepherds

for Mark

We are outcasts,
outcasts all,
orphans, sinners, lame or small.

We sleep on hills,
do work none will do.
We are outcasts,
the lowly, wretched, bruised.
We live on scraps,
we hide from sight
our scars, our lesions,
our pain, our fight.
We serve the privileged,
we tend their sheep,
we care for their animals,

they call us beasts.
We are outcasts,
outcasts all.

It's easier to accept
this is our fate.
Faith tells us God
has marked us by hate.

We move through the hillside,
the rocks are our thrones,
the sky is our canopy,
the mountains our home.
The wolves they slink near us,
the danger's not far.

A village blames us for drought,
or famine, or war.
We are outcasts,
outcasts all.
No priest will bless us,
no prayers when we die,
no keeners to mourn us,
with refugee feet we must fly,
from storm, hail and weather,
whatever God does permit.
This arid land, these arid people,
poor shepherds, our only remit.

And then!
Then the hillside shot with glory,
a booming voice like the sea.
Then the light of the Almighty,
then the joy of being free.
Freely chosen, freely chosen.
We outcasts are the first
to hear God's tome of glory,
then we fall and hit the earth.
We are outcasts,
we are outcasts,
our turgid fears they proclaim,
struggling orphans, lonely sinners,
disfigured souls that are lame.
His messenger is mighty,

takes no heed, bids us arise:
'A baby-king has been born,
your fears are but thieves and lies,
for he has chosen you, the lowly,
first to see, first to hear,
first to hold and to cradle
the baby-king without peer.
You are outcasts,
but you're chosen,
so more outcasts will find hope,
when men's judgements they weigh heavy,
when they die by bondage and rope.

You'll find outcasts in a stable,
you'll find a love
that will always last.
You'll find a love that heals disability,
doubts and fears, so you'll hold fast.'
We are outcasts,
outcasts all,
orphans, sinners, lame or small,
outcasts chosen,
outcasts running,
outcasts bidden,
outcast's glory.
Outcasts of hope,
for the Holy One,
for all.

Na hAoirí

do Mharcas

Is éin scoite muid,
éin scoite an t-iomlán againn,
dialachtaí, peacaigh, bacach nó beag.

Sna cnoic a théann muid faoi shuan,
obair nach ndéanann aon duine eile.
Is éin scoite muid,
lucht na huirísle, na hainnise, na gcroíthe brúite.
Tá muid beo ar chonamar,
i bhfolach as radharc
ár gcneácha, ár loite,
ár bpian, ár gcomhrac.
Ag freastal ar lucht an rachmais,
ag aoireacht a dtréad,
ag tabhairt aire dá n-ainmhithe,
ainmhithe fiáine a thugann siad orainne.
Is éin scoite muid,
éin scoite an t-iomlán againn.

Tá sé níos fusa glacadh leis
seo é ár gcinniúint.
Insíonn ár gcreideamh dúinn
gur fuath an séala atá buailte orainn ag Dia.

Bogann muid fríd leargacha na gcnoc,
is ríchathaoireacha againne na creigeacha,
is ceannbhrat againn an spéir,
is baile dúinn na sléibhte.
Na mic tíre ag bogadh thart cóngarach dúinn
gan an dainséar i bhfad uainn.
Milleán an bhaile anuas orainn as an dtriomach,
an gorta, an cogadh.
Is éin scoite muid,
éin scoite an t-iomlán againn.
Níl Sagart le beannacht a chur orainn,
gan paidir fiú ar bhás dúinn,
gan aon duine le muid a chaoineadh,
le cosa na dteifeach caithfidh muid teitheadh,
ón stoirm, ón sneachta agus ón aimsir,
cibé nidh a cheadaíonn Dia.
An talamh tirim seo, na daoine leamha seo,
aoirí bochta, ár n-aon chúram.

Agus ansin!
Ansin lasadh taobh an chnoic le glóir,
guth tormánach mar a bheadh tuaim na toinne.
Ansin solas an Uilechumhachtaigh,
ansin áthas na saoirse.
Saor roghnaithe, roghnaithe go saor.
Muidne na héin scoite an chéad mhuintir
le héisteacht le mórleabhar Dhia na glóire,
ansin titeann muid is buaileann an talamh.

Is éin scoite muid,
Is éin scoite muid,
fógraíonn ár n-eagla bladhmannach,
dílleachtaí ag streachailt, peacaigh uaigneacha,
na máchaile, anamacha bacacha.
Tá a theachtaire tréan,
ní thógann sé aird, tugann cuireadh dúinn éirí:
'Rugadh leanbh-rí,
is gadaithe agus bréag bhur n-eagla,
óir roghnaigh sé sibhse, an ísealaicme,
an chéad dream le feiceáil, an chéad dream le cloisteáil,
an chéad dream le tógáil agus croí isteach a thabhairt,
don leanbh-rí gan phiara.
Is éin scoite sibh,
ach roghnaíodh sibh,
le go mbeidh dóchas ag tuilleadh éin scoite,
nuair a bhíonn breithiúnais na bhfear mar mheáchan trom,
nuair a fhaigheann siad bás i ngéibheann agus rópaí.

Gheobhaidh sibh éin scoite i stábla,
gheobhaidh sibh ann grá
nach mbeidh deireadh go deo leis.
Gheobhaidh sibh ann grá a chneasóidh míchumas
amhras agus eagla, ar an ábhar sin dhéanfaidh sibh an fód a sheasamh.'
Is éin scoite muid,
éin scoite an t-iomlán againn,
dílleachtaí, peacaigh, bacach nó beag,
éin scoite a roghnaíodh,

éin scoite ag rith,
éin scoite a fáiltíodh rompu,
glóir na n-éan scoite.
Éin scoite an dóchais,
don Neach Naofa,
do chách.

— 3 —
Magi

for Stephen, Sean and Liam from Bríd

Dreamers, philosophers, kings are we,
thrones, dominions, lands that are free,
thinkers, poets, magi, we hold
elixirs, stargazing, equations and scroll.
Tracing lines, drawing charts,
our pace gentle ease,
perusing puzzles in our minds,
unaccustomed to being disturbed, or being ill at ease.

But then!
The Star came.
All plotting, potions, preambles just stopped.
The Star came.
We got up.
Packed journals, instruments, quills, looking glass.
Packed camels and horses and gifts that would last,
kingly gold, godly frankincense, healing myrrh.
Packed our hopes and our dreams,
our prejudgements, our deepest fears.
We follow separate traditions,
worship different Gods, follow different strands,
yet we embraced like long-lost brothers
on Magdala's golden strands.
Excited, we shared in common tongue
what we dreamt,
who spoke to us, who urged us on
to meet in merry coincidence.
Three dreamers, philosophers, kings are we,
losing fast the old words
from long-forgotten prophecy.
We've been drawn to this kingdom
by burning star, way on high,
but the power and the glory of
this world's end is but nigh.
For power can be found,
in a lowly hillside town,
in a manger, by a mother,

who treasures all with puzzled frown.
He is born amongst the lowly –
What wisdom is all this?
Amongst the outcasts and the orphans,
a poverty-king will persist.
A baby defies equations,
permutations, tales of bliss
of a mighty-king amongst us,
can innocence prevail, over this?
We share troubled dreams.

We are warned:
'Magi, find another way home!
Move at speed,
don't look back,
do not visit
hatred's throne!'
We warn them.
We plead with them:
'Run from horror.
Run from this.'
They are children with a baby.
They are innocents in the mist.
Shepherds lead them.
Shepherds guide them.
Unknown paths, they reveal.
Shepherds triumph over Magi,
when soldiers drumming starts to peal.
We part now
from each other.
Magi separate.
Magi one.
Brothers bonded
through the dream of
baby-child, Anointed One.
We converse now, we exchange now,
far-off news, revelations all
of the wise-child now mighty-defender
of the weak and of the small,

of the sinner, of the outcast, of the orphan, of the lame.
Mighty-man overturning tables.
He healed the crippled and insane.
He blazed, like the night star,
defied convention.
He was every prophecy fulfilled,
a king,
a god,
lamb of sacrifice,
courage willed.
Now we wait to hear his story end
and we wait for it to begin again,
born in joy, born in sorrow,
born in glory without end.
For we are Magi, we are dreamers,
we are philosophers,
we are kings.
We shall bow again before his glory,
when his story,
when his majesty,
when his dominion,
never ends.

Na Saoithe

do Stiofán, Seán agus Liam ó Bhríd

Is Físí, fealsaimh, ríthe muid,
ríchathaoireacha tiarnaistailte saora,
smaointeoirí, filí, saoithe, is againn atá
íocshláintí, réaltóireacht, cothromóidí agus scrollaí.
Ag rianú línte, ag líníocht cairteacha,
ár luas go socair réidh,
ag leanúint dúcheisteanna inár n-intinn,
ainchleachta le cur isteach orainn, nó a bheith míshuaimhneach.
Ach ansin!
Nocht an Réalta.
Stop an mapáil, posóidí, an réamhullmhú uilig.
Nocht an Réalta.
D'éirigh muid.
Phacáil muid irisí, ionstraimí, cuilteanna, scáthán.
Lódáil muid camaill agus capaill agus bronntanais a mhairfeadh,

ór ríúil, túis diaga, miorr leighis.
Ár ndóchas agus ár n-aislingí,
phacáil muid ár bhfíseanna agus ár n-aislingí,
ár réamhbhreitheanna, ár n-ábhar imní is doimhne.
Leanaimid traidisiúin ar leith,
adhrann muid Déithe éagsúla, leanann muid snáitheanna éagsúla,
ach mar sin féin beannaíonn muid mar dheartháireacha a bhí caillte le fada
ar shnáitheanna órga Magdala.
Tógtha, roinneamar i dteanga choiteann
ár bhfís,
cé a labhair linn a ghríosaigh muid ar aghaidh
le teacht le chéile i gcomhtharlú chroíúil.
Triúr Físí, fealsaimh, ríthe muid,
ag cailleadh go sciobtha briathra ársa
ó thairngreacht ligthe i ndearmad.
Tarraingíodh muid i dtreo na ríochta seo
tré réalta loiscneach, in uachtar neimhe,
ach tá cumhacht agus glóir deiridh
na cruinne seo in achomaireacht.
Is féidir teacht ar chumhacht
i mbaile beag, uiríseal ar thaobh cnoic
i stábla, taobh le máthair,
ag machnamh ar na nithe seo uilig ina croí le cuma an mhearbhaill uirthi.
Rugadh é i measc na mbocht –
Cén eagna é seo go léir?
I measc na n-éan scoite agus na ndílleachtaí,
mairfidh rí na bochtaineachta.
Leanbh ag déanamh neamhaird de chothromóidí,

iomalartaithe scéalta sonais
de rí-maorga inár measc,
an féidir le neamhchiontacht a bheith i réim, thar seo?
Roinnimid aislingí is trioblóidí.

Tugtar rabhadh dúinn:
'Saoithe aimsígí bealach eile abhaile!
Bog chun tosaigh ar luas,
ná caith súil siar,
ná tabhair cuairt ar
ríchathaoir an fhuath!'
Tugaimid rabhadh díofa.
Déanann muid achainí leo:
'Rith ón uafás.
Rith as seo.'
Is leanaí iad le leanbh.
Tá siad neamhchiontach, sa cheo.
Tionlacann Aoirí iad.
Treoraíonn Aoirí iad.
Cosáin anaithnid, nochtann siad.
Bua Aoirí thar saoithe,
Nuair a thosaíonn drumadóireacht na saighdiúirí ag buaileadh.
Scarann muid anois
óna chéile.
Saoithe scartha.
Saoithe amháin.
Deartháireacha dlúthcheangailte
trí bhrionglóid

faoin leanbh-páiste, an Té atá Coisricthe.
Labhraímid anois, malartaímid anois,
nuacht i bhfad i gcéin, taispeántaí go léir
an linbh-críona cosantóir-iontach anois
daoine laga agus beaga,
de pheacaí, na héin scoite, dílleachtaí, bacaigh.
Tréan-fhear ag iompú táblaí.
Leigheas sé idir chláirínigh agus gealta.
Soilsíonn sé, cosúil le réalta na hoíche,
neamhaird de nósmhaireacht.
Bá eisean gach tairngreacht comhlíonta,
Rí,
Dia,
uan na híobartha,
misneach thoiligh.
Anois tá muid ag fanacht le deireadh a scéil a chloisteáil
agus tá muid ag fanacht go dtosóidh sé arís,
saolaithe in áthas, saolaithe i mbrón,
saolaithe i nglóir, gan deireadh.
Óir is saoithe muid, is físí muid,
is fealsúna muid,
is ríthe muid.
Geillfimid arís roimh a ghlóir,
nuair nach mbeidh,
a scéal,
a mhórgacht,
a cheannas,
gan deireadh go deo.

— 4 —
The Child Mary
of Magdala

for Grace and Mam

By oil lamp,
my savta (granny) braids my hair.
I love my hair.
I love her brushing it,
in long, long strokes,
making fisherman's braids.
My savta croons to me,
a seaside shanty:
'Neshama, neshama …'
She calls me Ayla, Moonlight,
for I can see bright things,
even in the dark.
I love that name.
I love my savta.

I stand on tippy-toe on an overturned churn
and look out the window
at the fast-moving star
over Magdala's shore.
Then I see them.
Three important men in lovely robes,
leaping from their beasts,
laughing and greeting, like old friends.
They gabble excitedly, like me with my animals.
They're pointing to the star, unwrapping scrolls,
grinning, waving. They point afar,
when one turns and spies me.

He makes a funny bow.
I shyly shrink back.
I am shy.
I shun limelight.
My savta's skirts hide me,
when attention finds me.
A knock now to our cabin.
Savta is graceful,
like when she's commanding her loom.
Like a queen she bids welcome, as she greets them,
        as they fill the room.

I am shy.
My savta offers simple supper.
I help pass out the plates.
I feel sorry for the old one,
his hands tremble,
his head shakes.
I steady the cheese and bread for him,
I pour his wine and dipping oil.
He blesses me with thanks and then
he stills. He gazes at me and he announces:
'Child, you have been chosen.
You've been chosen
out of all women's ranks,
apostle to apostles,
a font of courage
when the King is weak.
A name to be remembered.
A hand to soothe the trembling.
A balm.
A shard of pure light.
A way of loving, when words can't speak.'

I look to my savta
for some answers.
I just don't understand.
She presses me close,
hugs me tightly.
She thanks these men

from far off lands.
We stand at the door,
as they move off the next morning,
heading south to Bethlehem.
As the old one leaves, he presses something precious, something holy,
something healing
in my hand.
Holding savta's skirts, waving blessings,
my long hair blowing,
my fingers caressing
my special gift,
a jar of nard.

An Páiste Máire Mhagdala

do Ghráinne agus do Mhamaí

Le lampa ola,
tá mo savta (mamó) ag cur trilseáin i mo chuid gruaige.
Is maith liom mo chuid gruaige.
Is maith liom í a chíoradh,
slíoctha fada, fada,
trilseáin ar dhéanamh snaidhm an iascaire.
Tá mo savta ag crónán dom,
rabhcán muirí:
'Neshama, neshama …'
Ayla, Solas na Gealaí a thugann sí orm,
mar gur féidir liom rudaí geala a fheiceáil,
fiú i ndorchadas.
Is maith liom an t-ainm sin.
Is maith liom mo savta.

Seasaim ar na barraicíní ar chuinneog atá béal faoi
agus amharcaim amach an fhuinneog
ar an réalta bródúil
os cionn cladaigh Mhagdala.
Ansin feicim iad.
Triúr fear tábhachtacha i róbaí galánta,
ag léimneach anuas óna mbeithíoch,
ag gáirí agus ag beannú, mar a dhéanfadh sean chairde.

Ag glagaireacht go sásta, cosúil liomsa le mo chuid ainmhithe.
Ag díriú méar i dtreo an réalta, ag baint clúdach de scrollaí,
cár go cluas ag gáire, ag croitheadh láimhe, iad ag síneadh méire i bhfad
        i gcéin,
nuair a chasann duine amháin acu agus mé a fheiceáil.
Umhlaíonn sé go hait.
Cúlaím féin siar go faiteach.
Tá mé cúthalach.
Seachnaím a bheith i mbéal an phobail.
Cuireann sciorta savta i bhfolach mé,
nuair a thig aird mo bhealach.
Cnag ag ár mbothóg anois.
Savta go grástúil,
mar a bhíonn sí agus í i mbun a seoil.
Mar a bheadh banríon ann, fáiltíonn sí agus í ag beannú díofa, agus iad
        ag líonadh an tseomra.
Tá mé cúthalach.
Déanann sí suipéar simplí a ofráil díofa.
Beirim lámh chuidithe na plátaí a chur thart.
Tá trua agam don seanfhear,
tá a chuid lámha ar crith,
tá a chloigeann ag croitheadh.
Socraím an cháis agus an t-arán dó,
cuirim amach a chuid fíona agus a chuid ola tumtha.
Beannaíonn sé mé le buíochas agus ansin
socraíonn sé. Amharcann sé orm agus fógraíonn sé:
'A leanbh, roghnaíodh tú.
Is tusa an té atá tofa

as líon iomlán na mban,
aspal chun na haspail,
umar misnigh
nuair a bhíonn an Rí lag.
Ainm le coinneáil i gcuimhne.
Lámh le crith a mhaolú.
Balsam.
Ga glan solais.
Bealach le grá a léiriú, nuair nach féidir le briathra labhairt.'

Amharcaim ar mo savta
le haghaidh roinnt freagraí.
Ní thuigim.
Brúnn sí gar dom,
thugann sí croí isteach domhain dom.
Gabhann sí buíochas leis na fir seo
ó thíortha i bhfad i gcéin.
Seasann muid ag an doras,
agus iad ag fágáil an mhaidin dár gcionn,
ag dul ó dheas, go Beithil.
De réir mar a fhágann an seanfhear, brúnn sé rud éigin luachmhar, rud naofa,
rud leighis
i mo lámh.
Greim agam ar sciorta savta, ag croitheadh láimhe is beannachtaí,
mo chuid gruaige fada ag síobtha,
mo chuid méara ag cuimilt
mo bhronntanas speisialta,
próca nard.

— 5 —
Hannah
The Innkeeper

for Hannah

Too much to do,
too much to do!
Fresh bread to be baked,
the beer to be brewed,
flour on red face,
lamb to be roasted,
herbs freshly picked,
the dressing of tables,
milking hands moving swift.
Too many booked in!
Rooms heaving and full.
My own loom's been weaving
this past month without pause.
Where are they coming from,
this senseless census crew?
Bethlehem shall hold them,
when false Jerusalem falls through.
Too much to do!
Too much to do!
The braying of a donkey,
stills my busy hands,
the plea from a carpenter-boy,
for mercy. Shelter, his wife demands,
for baby is a-coming.
What does he expect me to do?
Make a shelter from a toadstool?
The innocent fool, not a clue!
But there's something about this couple.

Something childlike,
something kind.
The majesty of that donkey's face
as she nuzzles close to mine.
It's like a prayer, or a pleading.
I feel my heart relent:
'You'll find shelter in the animal's cave.
It's for free, no recompense.
I'll light oil lamps for your comfort,
boil the water,
fetch fresh, clean towels.

As I've done for my daughter,
and her daughter, I'll give you my care now.'
The girl gently grasps me,
bends her head, kisses my wrist:
'I shall pray now for your daughters,
for protection, so you'll persist.'
I knew not what her words meant,
not then, only now,
as my family were visiting cousins
away from the horror that would unfurl.
Her blessing became our shelter
as the night of screaming fast approached.
Who'd have thought a little kindness
would save my bloodline
when soldier's cruelty could encroach?

Later, in the cave – light!
Newborn baby, came to be.
As I peered in on them snugly sleeping,
I swear, I saw halos three!
The most beautiful baby,
a quiet joy nestled in my heart,
some shepherds came a-running,
no longer separate, no longer apart,
followed by some wise men
from God knows where, in the east
they wisely fooled the mad-king,
throne of chaos, throne of beast.

Now poor Bethlehem is in mourning,
I give comfort.
So much to do, so much to do,
but pain shall not rob my joy!
No! Pain and fear won't rob my joy!
For I have seen you Child of Joy!
I will persist!
I will walk through sorrow!
Until I find you, anew.

Siobhán
An Óstóir

do Shiobhán

An iomarca le déanamh,
an iomarca le déanamh!
Arán úr le bácáil,
beoir le déanamh,
plúr ar aghaidh dhearg,
uan le róstadh,
luibheanna le piocadh go húrnua,
cóiriú táblaí,
lámha crúite ag gluaiseacht go gasta.
An iomarca curtha in áirithe!
Seomraí plódaithe agus lán.
Mo sheol féin ag fíodóireacht
le mí anuas gan stad.
Cá as a dtagann siad,
an criú daonáirimh gan chiall seo?
Coinníodh Beithil iad,
nuair a thiteann Iarúsailéim bréagach trí.
An iomarca le déanamh!
An iomarca le déanamh!
Socraíonn grágaíl asail,
mo lámha gnóthacha,

achainí ó bhuachaill-siúinéir,
le haghaidh foscadh na trócaire, éilíonn a bhean chéile,
mar tá leanbh ag teacht.
Cad is féidir liomsa a dhéanamh?
Foscadh a dhéanamh as beacán bearaigh?
An t-amadán-neamhchiontach, gan cliú!
Ach tá rud éigin faoin lánúin seo.

Rud éigin páistiúil,
rud éigin cineálta.
An áilleacht in aghaidh an asail sin
agus í ag soipriú, gar do m'aghaidhse.
Tá sé cosúil le paidir, nó achainíoch
Mothaím go bhfuil mo chroí ag géilleadh:
'Gheobhaidh tú foscadh in uaimh na n-ainmhithe.
Tá sé saor in aisce, gan aon aisíoc.
Lasfaidh mé lampaí ola do bhur só,
an t-uisce a bheiriú,
tuáillí úr, glan a fháil.
Mar a rinne mé do m'iníon,
agus a hiníon, tabharfaidh mé cúram duit anois.'
Beireann an cailín go réidh orm,
cromann sí a ceann, pógann sí caol mo láimhe:
'Guím anois ar son d'iníonacha,
le haghaidh cosaint, le go leanfaidh tú ar aghaidh.'
Níor thuig mé na focla seo,
 ní ansin ach anois,
 nuair a bhí mo theaghlach ar cuairt chuig col ceathracha

ar shiúl ón uafáis, a bhí le scaoileadh.
Ba dídean dúinn a beannacht
a fhad is a bhí oíche na screadach ag breith orainn go tapa.
Cé a cheapfadh go ndéanfadh gníomh beag cineáltais
mo ghinealach a shábháil
nuair a d'fhéadfadh cruálacht na saighdiúirí briseadh isteach?

Níos déanaí, san uaimh – solas!
Naíonán nuabheirthe, a saolaíodh.
Agus mé ag breathnú isteach orthu ina gcodladh go teolaí,
mionnaím, chonaic mé trí naomhluan!
An leanbh is áille,
do neadaigh áthas ciúin i mo chroí,
tháinig roinnt aoirí ag rith,
gan iad scoite a thuilleadh gan iad scartha óna chéile a thuilleadh,
roinnt saoithe sna sála orthu
cad as a dtáinig siad, ag Dia atá a fhios, san oirthear
chur siad dallamullóg ar an rí-ghealt,
ríchathaoir na cíor thuathaile, ríchathaoir beithíoch.
Anois tá Beithil bocht ag caoineadh,
tugaim sólás.
An oiread sin le déanamh, an oiread sin le déanamh,
ach ní bhainfidh pian uaim m'áthas!
Ní hea! Ní bhainfidh pian agus eagla uaim m'áthas!
Mar chonaic mé tú a Linbh an Áthais!
Leanfaidh mé ar aghaidh!
Siúlfaidh mé trí bhrón!
Go dtí go bhfaighidh mé tú, arís.

6

The Little
Drummer Boy

for Seamus, Séan and Mícheál

Oh the excitement!
The honour!
Me! Picked out!
To lead the King's troops!
A night raid, is it bandits or brigands?
We'll rout them out,
for right is on our side!
An honour for my mother,
when I was first picked to serve the King.
My drumming it soothes my poor brother,
when darkness and nightmares they bring
his screams,
his pain, his troubled dreams.
I stoutly march on ahead,
with a tempo solemn and slow.
The tempo will accelerate
when thieves in hiding show.

For we've heard our King is fearful
of some hidden, unknown threat.
Disturbed by wise men's counsel,
he fumbles and rages and frets.
So, to this lowly village
we come to capture foe
to answer before our troubled king.
The moon is high,
my drumming is sure
and then orders are roared.
My drumming,
my drumming,
my drumming stops.
The screaming starts.
I go into shock.
I cup my ears.
I run away.
The noise.
The pleas.
The cries.
The horror.
I run away from the village.
I can't bear, I can't bear.
White knuckles clench my batons.
I can't, I can't bear, I can't bear.
And then …
Then, I hear him crying,
hidden baby behind the rocks.

A boy there, not much older than me
fixes me still with one look.
A girl peeps out behind him,
baby at her breast stirring,
now drowsily crying.
The boy's eyes make his family's plea,
the baby starts wailing.
I lift my hands, not to betray,
nor reveal, no call to attention.
I'll conceal by clement beat.
I'll protect his little feet.
I'll start a soothing tempo,
like a mother's calming heart,
slowly rising, concealing his crying,
to camouflage, to deflect, to disarm.
The family fade back into shadow.
I stoically keep my beat.
I gaze up towards full moonlight,
I block out the horror beneath my feet.
I sound out each beat as a prayer now,
to our God who must be appalled
by how innocence is tattered, ripped and torn apart.
I ask him: 'Help me save one, save this one
so one may live in joy;
for I too have known hardship and horror.
I am only one lonely drummer boy.'
My prayer was gently answered.
The soldiers retreated from the scene.

The boy and the girl pressed firm handshakes,
she blessed my hands and cupped my ear,
by gentle moonbeam:
'My child one day will save you
from living a life full of fear,
joy will return to your mother,
your brother,
when the hand of the Son of Man draws near.'
They quietly slipped into darkness.
I followed the soldiers' steps home,
no longer keeping their tempo.
I'll now leave that devil-king's throne.
And now I look back with wonder
that a night of horror could hold one great joy,
when I met the Son of Man for the first time.
I, Malchus, the little drummer boy.

An Drumadóirín

do Shéamas, Séan agus Mícheál

Ó na sceitimíní!
An onóir!
Mise! Piocadh amach mise!
Le bheith ar thosach an tslua de shaighdiúirí an Rí!
Ruathar oíche, an tóraithe nó robálaithe iad?
Cuirfidh muid an ruaig orthu,
óir siúlann an ceart linn!
Onóir mhór do mo mháthair,
nuair a roghnaíodh mé ar dtús le freastal ar an Rí.
Déanann mo chuid drumadóireachta mo dheartháir bhocht a shuaimhniú,
nuair a thig béiceach
le dorchadas agus tromluí
a phian a chuid brionglóidí uafásacha.
Máirseálainn liom go diongbháilte,
le luas sollúnta agus mall.
Éireoidh an luas níos gaiste,
Nuair a nochtoidh gadaithe iad féin.

Mar chuala muid go bhfuil eagla ar ár Rí
mar gheall ar bhagairt folaithe, anaithnid éigin.
Corraithe ag comhairle saoithe
tá sé ag útamáil, ar mire agus faoi imní.
Mar sin, is chuig an sráidbhaile beag bocht seo

a thig muid, leis an namhaid a ghabhadh
le bheith freagrach os comhair ár rí imníoch.
Tá an ghealach go hard,
tá mo dhrumadóireacht cinnte
agus ansin déantar orduithe a fhógairt.
Mo chuid drumadóireachta,
mo chuid drumadóireachta,
stopann mo chuid drumadóireachta.
Tosaíonn an screadach.
Tig suaitheadh orm.
Cuachaim mo chuid cluasa.
Rithim ar shiúl.
An torann.
Na hachainíocha.
Na rachtanna caointe.
An t-uafás.
Rithim ar shiúl ón tsráidbhaile.
Ní féidir liom cur suas leis, ní féidir liom cur suas leis.
Fáisceann greim anbhách mo bhrataí.
Ní féidir liom, ní féidir liom cur suas leis, ní féidir liom cur suas leis.
Agus ansin …
Ansin, cloisim é ag caoineadh,
leanbh i bhfolach ar chúl na gcarraigeacha.
Buachaill, nach bhfuil mórán níos sine ná mise
greamaíonn sé go socair mé, le hamharc amháin.
Gobann cailín amach taobh thiar dó,
leanbh corraithe ar a cíoch,
ag caoineadh go codlatach anois.

Tá achainí a theaghlaigh i súile an bhuachalla,
tosaíonn an leanbh ag olagón.
Tógaim mo lámha, ní le feall a dhéanamh,
ná le nochtadh gan aon ghlao ar aird.
Coinneoidh mé faoi cheilt, le buille ceansa.
Cosnóidh mé, a chosa beaga.
Tosóidh mé luas shuaimhneasach,
cosúil le croí suaimhneach na máthar,
ag ardú go mall, lena chaoineadh a cheilt,
le ceilt, le cur as treoir, le maolú.
Téann an teaghlach ar ais faoi scáth.
Coinním mo bhuille go foighneach.
Amharcaim suas, suas i dtreo solas iomlán na gealaí,
cuirim cosc ar an scéin faoi mo chosa.
Fuaimním anois gach buille mar a bheadh paidir ann,
dár nDia nach mór atá ag déanamh samhnais
ag an gcaoi a ndéantar an neamhchiontacht a roiseadh, a shracadh agus
    a stróiceadh óna chéile.
Déanaim achainí air: 'Cuidigh liom ceann amháin a shábháil, an ceann
    seo a shábháil
le go bhféadfadh duine amháin maireachtáil go háthasach;
óir tá cur amach agamsa fosta ar chruatan agus uafás.
Níl ionam ach Drumadóirín uaigneach amháin.'
Tugadh cluas go réidh do m'achainí.
Chúlaigh na saighdiúirí siar ón láthair.
Chroith an buachaill agus an cailín láimhe go daingean docht,
bheannaigh sí mo lámha agus chuach sí mo chluas,
faoi gha chaoin ghealaí:

'Sábhálfaidh mo leanbh thú lá éigin
 ó shaol a chaitheamh lán d'eagla,
fillfidh áthas ar ais chuig do mháthair,
do dheartháir,
nuair a tharraingeoidh lámh Mac an Duine cóngarach.'
Shleamhnaigh siad leo go ciúin isteach sa dorchadas.
Lean mise céimeanna na saighdiúirí abhaile,
gan a bheith ag coinneáil a luas a thuilleadh.
Fágfaidh mé ríchathaoir an diabhal-rí sin anois.
Agus anois caithim súil siar le hiontas
go bhféadfadh a leithid de áthas a beith in oíche chomh uafásach,
nuair a casadh Mac an Duine orm don chéad uair.
Mise Malchus, an Drumadóirín.

— 7 —

Simeon
Song of Joy

for Dad

My eyes no longer see holy words
etched on scrolls
so long ago.
I walk slowly through the temple door

a cedar stick
aids my gait, shuffling and slow.
Yet, I walk with wisdom,
prudence and care.
I pause and listen to penitent prayers.
I give comfort.
I give ease
to troubled souls
with worn-out knees.
My days are now timeless.
How swiftly they pass!
My hound for company,
my friends have all passed,
all passed, all have passed.
O great God Almighty,
how I long for the day,
day of justice, day of messiah-king!
Send forth, make no delay!
Each day at sunset I wonder, I ponder, I pray.
I long for, I listen, I counsel, I stay.
I hear Anna prophesy, in the portico.
When I lose heart, her words ring true.
'No longer a girl, a girl,' she laughs with gentle rue.
No longer a girl.
We were so young then.
We were so young.
She still warms my heart.
She brings both bread and wine.

She bustles, clucks and scolds,
but her heart is still mine,
and I am hers, as only old friends can be.
Together we wait
for Almighty destiny.
I hear footfall in the temple.

Another child to bless.
I shake myself from slumber,
my stiffness, my ache, my loneliness.
A boy, a girl before me.
A baby, wrapped in an embrace.
All have refugee feet, refugee hearts, poor things.
I clasp hold of the little one and then,
then,
time stopped.
Time paused.
Time began again!
My mouth opened and cried:
'Sovereign Lord!
My eyes have seen your salvation,
which you have prepared in the sight of all people,
a light to enlighten the Gentiles
and for the glory to your people Israel.'
I caught her eye:
'A sword will pierce your own soul too.'
She flinched not.
The boy cried.

She steadied his arm,
she retook her child,
her voice calm, her voice sure,
stilled my heart beating wild:
'You have seen now what you have seen,
the Promised One, a promise kept!
The world shall be pierced too
but I accept I will be bereft.
Your reward will be eternal,
eternity, your reward,
for the Almighty has done great things for me.
Today, the Son of God has been heard.'
At last, I can rest now.
Anna comes to take my hand.

We lean into each other,
watch them walk away on the sand.
My eyes no longer need see holy words
etched on scrolls so long ago,
for my eyes have seen the Holy Word.
I slowly amble
through the temple door.

Simeon
Amhrán Molta

do Dhaidí

Ní fheiceann mo shúile briathra beannaithe a thuilleadh
breactha ar scrollaí
fadó.
Siúlaim go réidh trí dhoras an teampaill

bata céadrais
ag tacú le mo shiúl, ag tarraingt na gcos go mall.
Ach, le heagna a shiúlaim,
críonnacht agus cúram.
Glacaim sos agus éistim le paidreacha lucht na haithrí.
Tugaim sólás.
Tugaim suaimhneas
d'anamacha faoi bhuairt
le glúine caite.
Is buan iad mo laethanta anois,
chomh tapa agus a théann siad isteach!
Mo chú agam mar chuideachta,
tá mo chairde go léir faoi shuaimhneas,
uilig faoi shuaimhneas tá siad uilig faoi shuaimhneas.
Ó a Dhia mór uilechumhachtaigh,

tá mé ag tnúth leis an lá,
lá an bhreithiúnais, lá an mheisias-rí!
Seol amach, ná déan aon mhoill!
Gach lá ar dhul faoi don ghrian, déanaim iontais, machnamh, guí.
Is fada liom uaim an lá, éistim, comhairlím, fanaim.
Cloisim tairngreacht Anna, sa phóirseáid.
Nuair a thig beaguchtach orm, tig craiceann na fírinne ar a cuid briathra.
'Ní cailín a thuilleadh, cailín,' déanann sí gáire le haithreachas aoibhinn.
Ní cailín a thuilleadh.
Bhí muid chomh hóg ansin.
Bhí muid i mbláth an hóige.
Tógann sí an croí ionam go fóill.
Tugann sí arán agus fíon.
Bíonn sí ag fústráil thart ag smeachaíl agus ag tabhairt amach,
ach is liomsa a croí go fóill,
agus is léise mé, mar a bhíonn dlúthchairde.
Le chéile fanann muid
ar chinniúint uilechumhachtach.
Cloisim coiscéimeanna sa teampall.

Leanbh eile le beannú.
Croithim mé féin ó chodladh,
mo righneas, mo phian, mo uaigneas.
Buachaill, cailín os mo chomhair.
Leanbh, fáiscthe go muirneach.
Cosa dídeanaithe acu uilig, croíthe dídeanaithe na gcréatúr bochta.
Tógaim an naíonán beag i m'ucht agus ansin,
ansin,

stop am.
Thost am.
Thosaigh am arís!
D'oscail mo bhéal agus lig glaoch:
'Anois, a Thiarna!
Tá mo shúile i ndiaidh do shlánú a fheiceáil,
an slánú atá ullmhaithe agat fá choinne na bpobal uilig,
solas leis na náisiúin a shoilsiú
agus glóir do phobail Iosrael.'
Luigh súil s'agamsa uirthi:
'Rachaidh claidheamh fríd d'anam féin fosta.'
Níor baineadh freanga aisti.
Chaoin an buachaill.
Shocraigh sí a lámh,
thóg sí a leanbh arís,
a guth ciúin, a guth cinnte,
shocair sé an croí ionam a bhí ag preabadh go fiáin:
'Chonaic tú anois an méid atá feicthe agat,
an Té a bhí Geallta, gealltanas coinnithe!
Beidh an domhan pollta freisin
ach glacaim leis go mbeidh mé briste.
Is síoraí do luach saothair,
síoraíocht, do luach saothair,
Óir rinne an Té atá cumhachtach nithe móra dom.
Inniu, tugadh cluas éisteachta do Mhac Dé.'
Faoi dheireadh, thig liom scíth a ligean anois.
Tagann Anna le mo lámh a ghlacadh.
Cromann muid isteach ina chéile,

ag féachaint orthu ag siúl ar shiúl ar an ghaineamh.
Ní gá do mo shúile briathra beannaithe a fheiceáil a thuilleadh
Ní fheiceann mo shúile briathra beannaithe níos mó
breactha ar scrollaí fadó
Óir chonaic mo shúile cinn An Briathar Beannaithe.
Siúlaim go réidh,
trí dhoras an teampaill.

Also in the
Seven Voices series

This sensory prayer book features the voices of seven
characters from the Easter story: Mary Magdalene;
Peter; John; Thomas; Simon of Cyrene; the soldier;
and Veronica. Each voice is unique. Each voice
has a different tempo, feeling and resonance. Each
contains comfort, inspiration and, above all, hope.

Also in the
Seven Voices series

In the third book of the series, we hear seven voices from
the Lenten story: Mary Magdalene; Malchus; Procula,
wife of Pontius Pilate; Judith, mother of Barabbas;
Nicodemus; and Tamar, the woman at the well.